AF229151

LA PREMIÈRE

AUX

RADICAUX

PAR UN LAÏQUE

NOTE DE L'ÉDITEUR

En créant la petite **Bibliothèque populaire et sociale à 25 centimes**, notre but, notre désir est d'arriver à porter, jusque dans le plus petit des hameaux, la *Lumière et la Vérité* :

Qu'on nous permette de citer ces quelques lignes de M. de Mirecourt :

Savez-vous où il faut tracer des lignes stratégiques ? C'est dans l'esprit du peuple, que l'on égare et qui n'a plus le fil conducteur de la morale et de la foi.

Ce qu'il faut démolir ? Ce sont les ruelles sombres et tortueuses de l'irréligion, construites par les architectes révolutionnaires.

Ce qu'il faut supprimer ? Ce sont les quartiers maudits où règne la libre pensée, où se propage de plus en plus, chaque jour, une politique insalubre, où les intelligences gagnent la peste.

Ce qu'il faut éclairer ? Ce sont les carrefours du mensonge.

Ce qu'il faut rétablir ? Ce sont les grandes voies qui mènent à Dieu et à la vertu.

En un mot, il faut montrer au grand jour, qui du Radicalisme ou du Catholicisme trompe le peuple.

Puissions-nous, au moyen de notre bibliothèque, arriver à ce programme, voilà notre seul souhait.

LA PREMIÈRE

AUX

RADICAUX

PAR UN LAÏQUE

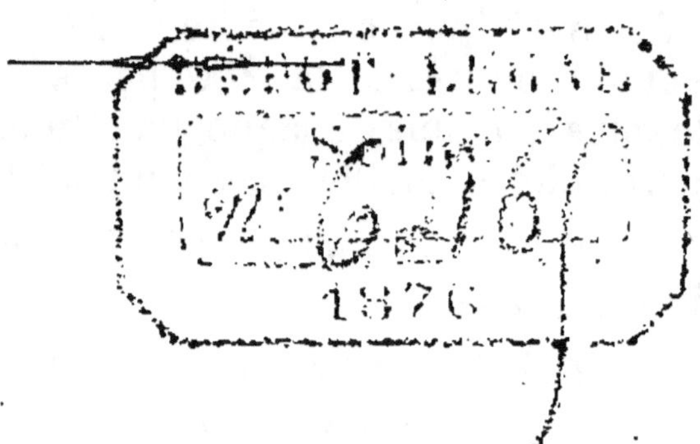

A. NORMAND

11, RUE DES SAINTS-PÈRES, 11

PARIS

LA PREMIÈRE

AUX

RADICAUX

Joseph de Maistre, un laïque, en écrivant son livre sur *le Pape*, priait les ecclésiastiques et les théologiens de vouloir bien accorder quelque autorité à ses paroles. Je dois imiter cet exemple, d'abord parce que je suis laïque, et surtout parce que je n'ai ni l'éloquence ni le grand et large talent de de Maistre. Mais la cause dont il s'agit est si belle et si bonne, que je ne puis résister à l'envie de la servir et de la défendre. Tout lecteur sera de mon avis quand je lui aurai dit que mon but en improvisant ces pages est de mettre les libres penseurs en contradiction avec eux-mêmes, et de réfuter leurs doctrines, leurs affirmations et leurs audaces, qui ont pris dans ces derniers temps des proportions inquiétantes.

Les libres penseurs, ceux qui ont inventé le joli mot de *laïcité*, procèdent par l'effronterie et l'intimidation. Dans une propagande faite dans les journaux, dans les livres, dans les brochures, dans les conférences et dans les réunions autorisées pendant la période électorale, ils ont pris l'édifiante habitude d'affirmer bien haut des faits erronés, empruntés, pour la plupart, à une statistique qui n'existe que dans leur imagination. Comme il ne serait pas possible dans une simple brochure de dresser l'inventaire de toutes les erreurs qu'ils ont à dessein entassées dans leur arsenal, il faut donc se borner à signaler, non pas peut-être les plus fortes, mais celles dont ils font le plus fréquent usage.

Ainsi, selon eux, Paris est une ville essentiellement laïque. Ses habitants ne veulent plus des prêtres, et ne fréquentent plus les églises. On dit ces choses-là avec succès dans les journaux radicaux et dans les réunions tenues généralement sous les latitudes de Belleville, de la Villette ou des carrières d'Amérique, et l'orateur qui les affirme est applaudi autant que s'il avait remporté une grande victoire. Il est vrai qu'il parle toujours devant un auditoire qui ne tolérerait pas qu'un contradicteur demandât la parole pour réfuter ce qu'il entend.

Paris est aussi la ville éclairée dans laquelle nous allons en venir aux enterrements civils, et préférer à ce que fait l'Église, la morne cérémonie avec laquelle les libres penseurs conduisent sans prières les trépassés à leur dernière demeure. Nous avons vu, dans ces derniers temps, des hommes d'une certaine autorité, mis dans la nécessité de prendre part à ces manifestations qu'on a trouvé le moyen de rendre encore plus ridicules que celles des Théophilanthropes imaginées pendant la Terreur, alors que M. de Robespierre et La Réveillère-Lepeaux avaient aboli le Dieu des Chrétiens pour le remplacer par l'Être suprême.

On a débité ces erreurs, même en temps d'état de siége, dans les réunions électorales, et on les a répétées dans des journaux. A force d'insister, il s'est trouvé des esprits ignorants, on pourrait dire aveugles, qui ont fini par y croire. Il m'est arrivé de rencontrer de fort braves gens qui m'ont dit, après avoir entendu ou lu ces affirmations, que c'en était fait de l'influence du Catholicisme. Je n'ai point voulu discuter avec eux, parce que je les rangeais dans la catégorie de ces personnes naïves qui trouvent tout légitime qu'un journal, en proie à une colère de *Père Duchesne,* conteste à un prince de l'Église le droit de parler politique, mais en revanche accorde sans réserve ce droit à un faux géomètre qui fait des cuirs ou à tous ces beaux parleurs que Proudhon appelait les « *Suffecius* de tabagie. » La cohorte de ces dangereux ignorants grossit tous les jours.

Il serait temps, pour rendre hommage à la vérité, de rétablir les faits, et de raconter ce qui se passe réellement à Paris.

Ceux qui osent dire que la population parisienne déserte les églises n'ont donc rien observé de ce qui s'est passé pendant la semaine sainte, et pendant les fêtes de Pâques? Si ces distraits avaient voulu s'arracher à la lecture de tous les écrits imaginés à présent pour dénigrer ce qui est beau, auguste et grandiose, et exalter ce qui est laid, haïssable et bas, ils auraient constaté que jamais les églises n'avaient été plus fréquentées que maintenant, et que la plupart avaient été à certains moments trop petites pour contenir la foule des fidèles. Ce sont là des faits irrécusables qui pourraient être au besoin affirmés par d'innombrables témoins. Voyez-vous d'ici le sourire que feront errer sur leurs lèvres, ces paroles dites le 4 mai dernier en plein Conseil municipal par ce rapporteur qui affirmait à ses collègues « *que la* « *ville de Paris était essentielle-* « *ment laïque dans sa majorité,* » car ces paroles ont été dites.

Et voilà comme on écrit l'histoire.

Quant aux enterrements civils, ils ne prennent pas davantage et courent le risque de tomber sous les huées de la foule, qui, avec raison, les trouve, ainsi que je l'ai déjà dit, aussi ridicules que les cérémonies des Théophilanthropes.

Les catholiques, qui forment la très-grande majorité de la population française, entendent rester fidèles à leur culte, et imiter en cela les protestants et les israélites, qui, eux, ont encore le bonheur de ne point compter dans leurs rangs de faux prophètes contestant soit l'autorité de Moïse, soit celle des textes sacrés.

Les libres penseurs et ceux qui à leur suite ont l'intention de guider la société dans la voie du progrès, crient bien haut que les *principes de* 89 doublés de *laïcité* triompheront de ce qu'ils appellent dédaigneusement le cléricalisme. On ne sait pas les services que ce mot cléricalisme, sur lequel, et pour cause, les libres penseurs ne se sont jamais expliqués, rend à leur cause. Le *cléricalisme*, c'est l'hydre, c'est le monstre, c'est la bête du Gévaudan, c'est le spectre noir, qui appelle « *les hommes noirs* » de Béranger. Quand on dit les *hommes noirs*, on a tout dit pour ces pauvres comparses abusés dont on brigue les suffrages au jour des élections, mais qu'on oublie toujours et qu'on trahit souvent, alors qu'on est arrivé, ainsi que je vais le prouver tout à l'heure.

M. Victor Hugo a dit qu'il y aurait un moment où le peuple lui-même

deviendrait impopulaire. Les phi-
lanthropes libres penseurs agissent
en ce moment de façon à permettre
de supposer qu'ils travaillent à la
réalisation de cette prophétie. Car
enfin ils ne laissent échapper aucune
occasion de prouver au peuple, et par
là il faut entendre les déshérités de
ce monde, dont la religion a seule le
mérite et la puissance de s'occuper,
qu'ils n'ont nul souci, une fois arri-
vés, de défendre ses intérêts, sans
doute pour justifier ce mot profond
d'Alphonse Karr qui dit « qu'en politique plus cela change, et plus c'est
la même chose. »

Il est bien plus commode en effet
d'évoquer les principes de 89 et de
débiter à ce propos des déclamations
aussi violentes que stériles, dans les-

quelles on donne sa parole d'honneur qu'on aime ses semblables, qu'on veut les disputer aux ténèbres et les inonder de flots de clarté, enfin qu'on n'a qu'un désir, qu'un but, qu'une ambition, ceux de les installer dans ces paradis frelatés qui ne seraient en réalité que des ateliers nationaux, si l'autorité n'était point là pour s'opposer à leur création.

Toujours au nom des principes de 89, on parle sans cesse de liberté, d'égalité et de fraternité, mais on a bien soin de cacher que ces trois mots magiques sont empruntés à la morale du Christ. On ne se contente pas de piller sa doctrine et sa morale, on croit plaisant, badin, spirituel de le bafouer et de devenir au besoin ses Iconoclastes. Les raffinés de la libre pensée sont encore allés plus loin. Il en est qui ont poussé l'oubli des convenances, le mépris de leur dignité, le cynisme (le mot n'est pas trop fort) jusqu'à festoyer le jour du vendredi saint, croyant, bien à tort, faire plaisir à Rousseau qui, lui, savait honorer le Christ puisqu'il a dit, en le comparant à Socrate, que si la morale de ce philosophe avait été écrite par un sage, celle de Jésus avait été écrite par un Dieu. Les libres penseurs oublient que le christianisme a eu tout pour lui, même des apologistes involontaires. Il est vrai qu'il les a contre lui, mais cela ne lui cause aucune inquiétude. Il est patient, il est éternel, il défie tous les Erostrates qui le menacent de leurs torches.

On pourrait multiplier à volonté la

série des aimables affronts auxquels les Titans de la libre pensée ont eu recours pour discréditer et travestir le sentiment religieux qui heureusement les étreint et les réduit à l'impuissance. Chaque jour enfante une nouvelle erreur, livrée aux journaux institués pour sa propagation.

C'est même là une industrie fort lucrative. Cela s'appelle *manger du prêtre*. Les citadelles du catholicisme, les forteresses du cléricalisme ont remplacé les vieux burgs et les oubliettes des contes de fée. Il existe une clientèle très-nombreuse qui raffole de ces sortes d'histoires, et qui ne renouvellerait pas son abonnement à tel journal s'il cessait de dire du mal des moines et des frères ignorantins. Calomnions, mes frères, il en restera toujours quelque chose. Et en effet, il en reste quelque chose qui n'est pas vrai. Mais que faire? Il faut dix hommes de génie pour réparer le mal causé par un seul imbécile, dit un proverbe russe digne d'être cru en France.

On a déjà propagé bien des erreurs, et on en propagera encore bien d'autres, qui ne sont point encore sorties des pernicieux cerveaux qui doivent les enfanter. Le bon sens public et la force de la vérité pourront seuls en faire justice. Il faut donc se résigner.

Mais il est un point que je vais aborder, où la libre pensée, sortant du domaine de l'abstraction, a voulu passer des vaines paroles à des actes iniques. Il importe de protester, de résister, et, s'il se peut, d'effacer jusqu'à la trace de ces iniquités. Je veux parler de la décision prise les 4 et 6 du mois de mai par le Conseil municipal de Paris, contre quarante-neuf établissements charitables, auxquels il a refusé les subventions que la ville de Paris leur avait jusqu'alors accordées, décision grave, cruelle, contraire à la charité chrétienne autant qu'à sa sœur cadette la fraternité républicaine.

Il s'est trouvé dans le Conseil municipal un républicain qui, probablement, en demandant les suffrages de ceux qui l'ont élu, avait promis sa sollicitude et son dévouement à ceux qui souffrent, pour proposer de réduire le budget de quarante-neuf établissements charitables qui, même avec cette subvention, ne pouvaient faire face à leurs charges et se voyaient contraints de refuser assistance à des faibles et à des malades.

Il faut bien remarquer que dans la circonstance, il ne s'agissait point, pour la ville de Paris, de se créer de nouvelles charges, de s'imposer de nouveaux sacrifices, mais de répartir des fonds qui se trouvent dans sa caisse, et qui y resteront, tandis que ces établissements, si durement traités, se verront contraints de repousser ceux qui demanderont du secours. Mais la logique, la dignité et la fraternité de la majorité du Conseil municipal, composée de libres penseurs, convaincue et subjuguée par les remarquables arguments développés dans le rapport qu'on va lire, en a autrement décidé. Il importe, pour l'édification de tous, de publier ce rapport sans y changer un mot.

Voici cette étonnante conception :

« Messieurs,

« Votre 4ᵉ Commission a examiné
« avec le plus grand soin le projet de
« répartition, proposé par l'Adminis-
« tration, du crédit de 123,000 fr.
« inscrit au budget de 1876, chap.
« XXI, art. 4, pour secours aux éta-
« blissements de bienfaisance.

« L'Administration propose au
« Conseil de répartir cette somme
« entre 84 sociétés charitables dont
« 81 reçoivent déjà depuis longtemps
« des secours de la Ville, et dont 3
« seraient inscrites pour la première
« fois au budget municipal.

« Sur ces 81 sociétés, 14 fournis-

« sent un certain nombre de bourses
« dont les titulaires sont nommés
« directement par l'Administration
« sans que le Conseil ait connais-
« sance soit des vacances, soit des
« nominations ; une quinzième so-
« ciété, déjà subventionnée par la
« Ville, offre une bourse en échange
« de la somme qui lui a été, jusqu'ici,
« allouée annuellement.

« Votre 4e Commission n'a pas
« voulu s'arrêter au principe de la
« subvention ni discuter sa valeur.
« En considérant ce que les gouver-
« nements monarchiques ont fait de
« l'initiative privée garrottée par tant
« de lois, en se rendant compte des
« obstacles nombreux qui se présen-
« tent à la société civile dès qu'elle
« veut agir collectivement, en calcu-

« lant les efforts auxquels on doit se
« livrer pour arriver à constituer une
« œuvre charitable, elle a cru que la
« discussion de ce principe n'était pas
« opportune et qu'il y a des tentatives
« généreuses qu'il faut encourager et
« soutenir. L'esprit de charité, ou
« plutôt de fraternité, est d'ailleurs
« un des plus nobles sentiments du
« cerveau humain, mais à la condi-
« tion toutefois de n'avoir pour seul
« et unique mobile que la fraternité
« elle-même, que l'esprit de généro-
« sité et l'amour du bien, sans y join-
« dre un intérêt soit individuel, soit
« de parti ou de caste.

« Malheureusement il n'en est pas
« ainsi pour le plus grand nombre
« des sociétés que nous subvention-
« nons et, à côté de l'esprit de cha-

« rité, on trouve, chez la plupart
« d'entre elles, l'esprit de propa-
« gande et de prosélytisme.

« Permettez-moi de citer ici une
« page de l'excellent rapport de no-
« tre collègue Métivier sur le même
« article du budget, en 1872 :

« La grande majorité de ces socié-
« tés, même lorsqu'elles sont, com-
« me il arrive pour quelques-unes,
« purement laïques, sont, à des de-
« grés divers, empreintes d'un carac-
« tère religieux. Quelques-unes mê-
« me, par la bizarrerie de leurs
« titres, affectent une tournure quasi
« mystique.

« Il ne viendra assurément à l'idée
« d'aucun de nous d'être hostile au
« sentiment religieux, cette mani-
« festation si commune et si légi-

« time de l'esprit humain ; mais c'est
« à la condition que ce sentiment
« soit absolument et exclusivement
« religieux et qu'il ne quitte pas les
« sphères élevées où, à l'égal de tou-
« tes les conceptions légitimes de
« l'esprit, il sera entouré des res-
« pects auxquels il a droit.

« Malheureusement, dans notre
« temps, dans notre pays surtout,
« le sentiment religieux s'allie à des
« soucis de domination qui dimi-
« nuent son autorité et l'exposent
« aux défiances des esprits les plus
« modérés.

« Assurément, quelle que soit sa
« source religieuse ou philosophi-
« que, la charité est une vertu so-
« ciale devant laquelle nous devons
« tous nous incliner, en attendant

« ce temps, hélas! lointain, si tant
« est qu'il doive arriver jamais, où
« la solidarité suffira à corriger les
« écarts de la justice distributive et
« des inégalités natives.

  « Jusque-là, et comme période
« transitoire, il serait désirable que
« la charité fût inspirée par le pur
« et exclusif amour de l'humanité, et
« nous serions bien plus à l'aise,
« nous, représentants de la société
« civile, pour prêter notre concours
« aux établissements qui nous le
« demandent, si nous étions assurés
« qu'ils ne sont pas les instruments
« d'une politique surannée et les
« complices volontaires ou incons-
« cients de gens qui sont les enne-
« mis nés de cette société civile issue
« de la Révolution française.

« Aujourd'hui, la situation est plus
« nette qu'à l'époque où notre col-
« lègue écrivait ces sages pensées.
« Aujourd'hui, les voiles sont tom-
« bés, les positions sont franchement
« prises. La société civile n'a plus
« seulement des doutes et des crain-
« tes, elle a maintenant des certi-
« tudes, car dans les congrès fameux,
« tenus en 1875, les lumières de
« l'Église ont discuté et affirmé, non
« pas leurs aspirations idéales, non
« pas leur foi, mais leur but tem-
« porel, leurs revendications poli-
« tiques. Nul de nous n'ignore, à
« l'heure actuelle, que la guerre a
« été déclarée à la société mo-
« derne; on demande la destruction
« de ses lois, on veut toucher même
« jusqu'à ses principes de morale,

« et tout cela est enseigné dans cer-
« taines écoles et dans certains or-
« phelinats.

« Cercles catholiques d'ouvriers,
« sociétés charitables, associations
« pour l'instruction, ne sont pas fon-
« dés seulement dans le seul but de
« faire la charité, c'est l'organisation
« savante et patiente de l'armée ul-
« tramontaine.

« D'ailleurs, Messieurs, ce n'est pas
« la somme minime que donne la
« Ville de Paris à chacune de ces so-
« ciétés charitables qui les pousse à
« demander une subvention à notre
« budget ; des collectivités assez for-
« tunées pour faire des travaux de
« luxe aussi gigantesques que ceux
« de l'église du Sacré-Cœur sur la
« butte Montmartre, des partis assez

« puissants, aussi bien par l'argent
« que par l'influence, pour faire con-
« currence à l'État dans ses institu-
« tions d'enseignement secondaire
« et supérieur, n'ont certainement
« pas besoin des quelques milliers
« de francs de subvention que leur
« fournissait la Ville, pour pouvoir
« faire la charité. Notre subvention
« a, pour les sociétés qui la reçoi-
« vent, un autre caractère que celui
« d'un secours ; c'est, pour ainsi dire,
« la reconnaissance morale, par la
« Ville de Paris, de la société qui
« est inscrite à son budget, c'est
« presque le patronage de ce qu'elle
« fait, pense et proclame. Voilà ce
« qui pousse à rechercher les sub-
« ventions de la Ville et de l'État ;
« mais c'est justement ce patronage,

« que la Ville de Paris, essentielle-
« ment laïque dans sa majorité, fer-
« mement attachée aux principes
« proclamés par la Révolution fran-
« çaise, ne voudra pas donner à des
« sociétés cléricales.

« Nous savons aujourd'hui, et le
« doute n'est plus possible, nous sa-
« vons par l'expérience récente, et
« aussi parce que cela a été proclamé
« en pleine tribune française, que
« ces sociétés innombrables, qui en-
« serrent notre pays, sont les bras
« de cet être formidable qui a nom
« cléricalisme, et dont le cœur et le
« cerveau sont à Rome.

« D'autres raisons, d'ailleurs, que
« ces motifs d'ordre général, nous
« ont poussé à refuser des subven-
« tions à un grand nombre de socié-

« tés : quelques-unes d'entre elles
« ont acheté des immeubles, fait
« construire des établissements paya-
« bles par annuités ; nos subventions
« contribuent donc à fonder la for-
« tune de certaines associations reli-
« gieuses, ce qui est inadmissible.

« D'autres sociétés sont des ou-
« vroirs qui, grâce à la rémunération
« insuffisante qu'ils donnent à leurs
« pensionnaires, et aussi à la subven-
« tion de la Ville de Paris, peuvent
« baisser leur prix de production au
« point de rendre toute concurrence
« impossible ; le prix du salaire en
« est évidemment avili. Donc, par
« ses subventions, la Ville causerait
« un préjudice sérieux à la produc-
« tion libre, en faussant le prix réel
« du travail. Votre Commission pense

« que vous ne pouvez encourager ce
« mode de charité qui, en réalité,
« frappe cruellement sur le travail
« des femmes, déjà si mal rétribué. »

Ici M. le rapporteur entreprend l'é-
numération des établissements charitables qui ont eu grâce devant lui,
puis conclut ainsi :

« Il est à espérer, et tout fait espé-
« rer, qu'avec le droit reconnu de se
« réunir et de s'associer, les institu-
« tions laïques de charité pourront
« se multiplier. Les hommes d'initia-
« tive, les bienfaiteurs de l'humanité
« ne peuvent se faire entendre nulle
« part ; il est difficile actuellement,
« sinon impossible, pour la société
« civile, de donner une direction aux
« hommes qui ne demandent qu'à ai-
« der et à encourager leurs sembla-

« bles ; il faut se réunir et s'associer,
« il faut s'adresser librement au pu-
« blic et la loi ne le veut pas.

« Mais nous entrevoyons le temps
« où chacun sera libre d'appeler les
« hommes de bonne volonté, de prê-
« cher la fraternité républicaine et
« de s'associer sous le couvert de la
« loi pour aider son prochain.

« Sur la somme de 123,600 fr.
« prévue au budget pour secours à
« divers établissements charitables,
« il n'est pris, d'après les proposi-
« tions de votre Commission, que la
« somme de 33,300 fr. Le Conseil
« municipal, en laissant à la ré-
« serve générale la somme de
« 90,300 fr., compte bien en dis-
« poser plus tard pour encourager
« les sociétés laïques de bienfaisance

« qui pourront se former, et non-seu-
« lement le Conseil les aidera par les
« finances, mais aussi, et de toutes
« ses forces, par son influence
« morale. »

Paris, le 11 avril 1876.

Le Rapporteur,

THULIÉ.

Ce rapport est une pièce authenti-
que acquise à l'histoire de la charité.
On sait déjà l'impression pénible
qu'il a causée à la population parisienne. En le méditant, en lisant,
comme on dit, entre les lignes, on dé-
couvre qu'il n'est qu'un tissu de sub-
tilités hypocrites, de perfidies odieu-
ses, péniblement préméditées afin de

dissimuler sous un sophisme grossier les rigueurs et les cruautés qu'il consacre. Si Molière pouvait le lire, il reconnaîtrait sûrement que le bon M. Tartuffe n'habite plus le confessionnal et qu'il s'est réfugié dans les Conseils municipaux. Pascal lui-même, saisi d'indignation, ne manquerait point d'ajouter une lettre à ses *Provinciales* pour flétrir au nom de la conscience offensée les scrupules coupables et les feintes pudeurs à l'aide desquels l'auteur de ce rapport a tenté de donner le change sur le but qu'il poursuit.

Ce qu'il veut en réalité, c'est de n'aider ni d'encourager par aucun moyen la charité chétienne, parce que, sous le bien qu'elle fait, elle cache, selon M. le rapporteur, une œuvre de propagande ultramontaine en faveur d'une puissance qui est à Rome. Qu'il me permette de lui rappeler à ce propos qu'il n'est qu'un plagiaire et qu'il récite sans grâce et sans esprit *l'ecre l'inf, (écrasons l'infâme)* par lequel Voltaire terminait ses lettres à d'Alembert. Il en est encore là. Décidément il retarde.

Si le sujet que je traite n'était pas si sérieux, je pourrais très-facilement rire aux dépens de celui qui professe des doctrines si étranges, et lui faire observer qu'en prenant à la lettre ses paroles, tout acte charitable assumerait un caractère particulier emprunté à la source à laquelle on aurait puisé le moyen de l'accomplir. Ainsi, le cataplasme appliqué sur la plaie d'un blessé serait *clérical* si c'est un congréganiste qui l'apporte, et le rapporteur n'en veut pas, ou *laïque* s'il était appliqué dans un établissement civil. Discutez ces niaiseries, précisez ces nuances tant que vous voudrez dans vos écrits pernicieux, mais ne subordonnez pas le soulagement de ceux qui souffrent à la solution de vos sottes querelles. Inventez pour passionner la galerie qui vous écoute et de laquelle seule vous vous préoccupez, tous les projectiles que vous vous jetez si lourdement à la tête, mais ne condamnez pas le patient à attendre pour être soulagé ou pansé, la fin de vos stériles disputes, ainsi que vous ne craignez point de le proposer dans votre rapport.

Que dit en effet ce rapport? Il dit

« que le Conseil municipal, en lais-
« sant à la réserve générale la somme
« de 90,200 fr. COMPTE BIEN EN DIS-
« POSER PLUS TARD POUR *encourager*
« *les sociétés LAIQUES de bienfai-*
« *sance qui pourront se former.* »
L'impartialité me force de recon-
naître qu'en cet endroit, M. le rapporteur a fait preuve de prudence et
de modestie en prenant un ton dubi-
tatif. Il croit si peu à l'initiative de la
charité laïque, qu'il n'ose pas affirmer, mais simplement espérer qu'elle
fondera des établissements de bienfaisance. Ce doute, on en conviendra,
n'est point fait pour inspirer con-
fiance aux orphelins et aux malades.
Aussi, par ce motif uni à tous les
autres, ont-ils le droit de trouver bien
singulier que des républicains, qui

disent à qui veut les entendre, et même à ceux qui, étant fixés, n'y tiennent pas, qu'ils sont tout dévoués aux intérêts des faibles et des nécessiteux, leur refusent les ressources qu'ils ont dans leur caisse, parce que ces ressources, en passant par des établissements religieux, se *cléricaliseraient* (pardon de ce néologisme) et préfèrent les laisser souffrir et peut-être mourir, en attendant le jour où ils pourront les combler de subsides laïques. Indigents, jeûnez, patients, souffrez, malades, agonisez; nous pourrions vous soulager avec l'argent qui est dans notre caisse, mais comme il faudrait que cet argent passât par des mains impures et congréganistes, nous croyons aller au-devant de vos désirs en stérilisant cet argent, et en attendant que des laïques aient fondé des hospices pour vous porter CIVILEMENT secours.

On pourrait appeler ces futures fondations les *Châteaux en Espagne de la laïcité*. On les attendra longtemps par cette raison qu'en pareille matière il y a tout à attendre de charité, et RIEN de la fraternité. Nous en avons la preuve sous les yeux. On a promulgué la loi de la liberté de l'instruction supérieure. Les cléricaux ont fondé des universités. Quant aux laïques ils se sont croisé les bras, et pareils aux frelons de la fable, les voilà qui s'apprêtent à troubler les abeilles laborieuses.

Ils sont, qu'on en soit bien convaincu, plus impropres encore à fonder des établissements charitables que des colléges ou des universités. Il en est ainsi parce qu'il faut pour créer de telles choses une ténacité et une abnégation que la religion seule peut inspirer. Si des universités et des hospices s'élevaient comme par enchantement en prononçant des discours qui proclament les droits de l'homme, en oubliant les devoirs bien entendu, qui affirment la beauté des immortels principes de 89, la sainteté de l'insurrection, la liberté illimitée du genre humain, et autres lieux communs que les déclamateurs déposent dans leurs écrits, la France serait couverte demain de maisons hospitalières, parce qu'elle foisónne de tribuns en délire, de génies méconnus qui, après avoir fait fiasco partout, se sont, de par leur simple autorité, dévolu la mission de guérir les *écrouelles sociales*. Mais malheureusement cette tâche est plus difficile, plus pénible et surtout plus répugnante. Les malades, les blessés, les vieillards, les petits enfants veulent être traités avec une douceur et une patience, qu'ils ne trouveront jamais que dans ces natures d'élite, exemptes d'orgueil et d'ambition, que la religion seule sait former. En dehors de la religion on ne trouverait plus ni missionnaires, ni frères des écoles, ni sœurs de charité. Or malheur aux infortunés, le jour où ces fanatiques du devoir, ces dispensateurs de la charité auraient disparu de ce monde.

Malgré les ressources qu'il enlevait

au budget de l'Assistance publique de Paris, ce rapport fut voté.

Voici la liste des maisons charitables auxquelles il refusait toute subvention :

1,500 fr. à l'Œuvre des Faubourgs, refusé.

500 fr. à l'Œuvre des Apprentis et Jeunes ouvriers, refusé.

500 fr. à l'Œuvre de l'Adoption, refusé.

1,000 fr. à l'Œuvre de la Première Communion, refusé.

1,000 fr. à l'Institution de Saint-Louis, refusé.

500 fr. à l'Institution de Saint-Frambourg, à Ivry, refusé.

1,000 fr. à l'Œuvre de Saint-Casimir, refusé.

1,000 fr. à l'OEuvre de Notre-Dame-des-Sept-Douleurs, refusé.

1,000 fr. à la Maison des Orphelins de l'Enfant-Jésus, refusé.

1,000 fr. à l'Orphelinat Saint-Guillaume, refusé.

500 fr. à l'Orphelinat Saint-Etienne-du-Mont, refusé.

1,000 fr. à l'OEuvre de Notre-Dame de Bethléem, refusé.

2,000 fr. à Notre-Dame-des-Arts, réduit à 600 fr.

500 fr. à la Maison de Notre-Dame-Auxiliatrice, refusé.

800 fr. à la Maison de la Sainte-Enfance, rue de Reuilly, refusé.

2,000 fr. à la Société de patronage pour les jeunes filles détenues, libérées et abandonnées, refusé.

500 fr. à l'Œuvre du refuge Sainte-Anne, refusé.

2,000 fr. à l'Œuvre de Notre-Dame de la Miséricorde, refusé.

1,500 fr. à la Maison des Petites-Sœurs des Pauvres, refusé.

800 fr. à la Maison de Notre-Dame de Nazareth, refusé.

1,000 fr. à l'Œuvre des pauvres malades, refusé.

1,000 fr. à l'Œuvre de la Miséricorde, refusé.

1,400 fr. à la Maison des sœurs aveugles de Saint-Paul, refusé.

500 fr. à l'Œuvre du Mont-de-Piété, refusé.

500 fr. à l'Œuvre de Saint-Joseph, refusé.

600 fr. à l'Établissement de charité

de la paroisse de Saint-Vincent-Paul, refusé.

500 fr. à l'Orphelinat des jeunes filles de la rue de Villiers, refusé.

500 fr. à l'Orphelinat de Saint-Charles, refusé.

500 fr. à l'OEuvre de la Persévérance, refusé.

1,500 fr. à l'Orphelinat de la Providence, refusé.

2,500 fr. à l'OEuvre du Bon-Pasteur, refusé.

300 fr. à l'École professionnelle de la rue de la Mare, refusé.

200 fr. à la Ferme-nourrice, refusé.

Une telle décision porte l'indignation à son comble, si on prend la peine d'entrer dans les détails et de rappeler les bienfaits de toute sorte que les infortunés recevaient dans ces divers établissements.

Ainsi, le Conseil a refusé toute subvention à la *Maison des Petites Sœurs des Pauvres* de la rue Picpus, dans laquelle on recueille les vieillards pauvres des deux sexes. Cette œuvre fut fondée, en 1840, par M. l'abbé Le Pailleur et une ancienne servante, Jeanne Jugan, à laquelle l'Académie française, *une laïque*, a accordé un prix de vertu.

Elle compte aujourd'hui quatre maisons à Paris. L'une, située rue du Faubourg-Saint-Antoine, offre un asile à deux cents vieillards.

L'Œuvre des pauvres malades, qui figure également sur la liste des établissements persécutés, rend les plus grands services, On sera édifié sur l'importance de cet établissement quand on saura qu'il faut compter par milliers les malades qui sont, chaque année, visités et secourus par les dames de l'œuvre.

L'*Œuvre de la miséricorde*, instituée pour secourir les pauvres honteux de la ville de Paris qui, d'une position élevée ou aisée, sont tombés dans la misère, a été traitée avec la même rigueur.

Il faut aussi appeler l'attention du lecteur sur la *Maison des sœurs aveugles de Saint-Paul*, située rue d'Enfer n° 88. Dans cette œuvre de bienfaisance, les élèves aveugles sont adoptées à l'âge de quatre ans. Leur éducation est confiée à des religieuses aveugles qui, partageant leur infirmité, sentent mieux que personne la nécessité de leur prodiguer des soins, et qui, instruites par leur propre expérience, sont plus capables de leur aplanir les difficultés qu'elles ont eu elles-mêmes à surmonter. Le Conseil municipal, par sa décision, en essayant de décourager ces tentatives généreuses, n'a-t-il pas vraiment fait acte de cruauté?

Malgré le vif désir de traiter rapidement cette question, il n'est pas possible de ne point citer encore d'autres maisons de secours qui vont avoir à souffrir des inexplicables rigueurs de MM. nos libres-penseurs.

Ainsi la *Société charitable de Saint-François Régis*, établie boulevard Saint-André n° 42, est également privée de sa subvention. Le but de cette Société est la réhabilitation des unions illicites, et la légitimation des enfants. Elle se charge de lever tous les actes nécessaires au mariage, de remplir toutes les formalités exigées et d'acquitter tous les frais.

La différence de religion n'est pas un motif de refus. La Société concourt chaque année au mariage de catholiques et protestants, de protestants entre eux et d'israélites entre eux.

Citons encore la *Société de Patronage pour les filles détenues, libérées et abandonnées.*

La Société de Patronage a été fondée, en 1837, par les soins de Mme de Lamartine et de Mme la marquise de La Grange, et a été reconnue comme établissement d'utilité publique par décret du 22 octobre 1871.

Elle s'efforce de ramener dans les voies d'une conduite régulière les filles détenues, soit administrativement, soit en vertu de l'art. 66 du Code pénal, et elle assiste les jeunes filles innocentes dont les parents sont condamnés. Elle recueille ces dernières dans une maison qu'elle possède rue de Vaugirard, n° 89, qui contient un quartier d'éducation correctionnelle pour les jeunes condamnées, sous le titre d'Asile Sainte-Constance, et un asile pour les jeunes filles détenues administrativement et les jeunes libérées sans place.

Dans la Maison, les jeunes filles reçoivent l'éducation religieuse et professionnelle, sous la direction des Sœurs de l'ordre de Marie-Joseph, les

mêmes qui se trouvent dans toutes/
les prisons de France. A leur libéra/
tion, elles sont placées comme domes-
tiques ou comme ouvrières.

Chacune d'elles, après avoir reçu
un trousseau, est confiée à la surveil-
lance d'une dame patronesse.

Cette œuvre admirable qui poursuit un si noble but n'a point trouvé
grâce devant la majorité du Conseil.

Enfin il faut terminer cette énumération par la protestation sui-
vante que la décision du Conseil
municipal de Paris a motivée de la
part de l'honorable comte de Mortemart.

Voici cette page éloquente publiée

par le journal *le Figaro*, qui fait le plus grand honneur à celui qui l'a écrite.

« L'inqualifiable conduite du Con-
« seil municipal de Paris nous con-
« damne à parler, avec quelques dé-
« tails, des œuvres de bienfaisance
« qui existent à Paris avec les seules
« ressources de la charité privée. Par
« respect pour l'humanité, par es-
« prit chrétien, nous voulons croire
« que ces messieurs ne connaissent
« pas une seule des œuvres qu'ils
« veulent anéantir. Ceux qui font le
« bien, obéissent au sentiment le
« plus respectable, au désir de soula-
« ger la misère, d'atténuer les souf-
« frances de ceux qu'ils regardent
« comme leur prochain. Car, malgré
« toutes les déclamations, toutes les

« insanités dont est inondé notre
« pays, on sait bien qu'il ne sera ja-
« mais possible de faire disparaître
« la misère dans ce bas monde, et si
« messieurs du Conseil municipal
« cherchent à tarir les sources de la
« bienfaisance, je suis certain qu'ils
« n'y parviendront pas; ceux qu'ani-
« me l'amour du bien, ne se décou-
« rageront pas.

« La charité vraie ne veut pas ha-
« bituellement faire parler d'elle,
« il faut cependant répondre à l'os-
« tentation du mal, par la connais-
« sance du bien. Je ne puis faire ici
« l'énumération de tous les établis-
« sements fondés en vue de ceux
« qui souffrent, et il y a tant de souf-
« frances ici bas! Ils sont tous ins-
« pirés, je n'en disconviens pas, par

« l'esprit chrétien et religieux, mais
« je voudrais connaître ceux qui
« méritent la protection de ces Mes-
« sieurs, il y aurait alors rivalité de
« bienfaisance, j'applaudirais à leurs
« efforts, mais je ne les connais pas.
« Une foule d'écrits prêche tous les
« jours la haine, promet un état so-
« cial meilleur ; le passé peut servir
« de réponse et d'enseignement.

« Faisant partie de l'Assemblée lé-
« gislative, j'ai eu l'honneur de citer
« à la tribune la nomenclature de
« tous les établissements fondés par
« la charité chrétienne pour venir au
« secours de ceux qui souffrent, j'ai
« demandé qu'on me fît connaître
« ceux qui existaient dans le camp
« opposé ; je n'ai pas eu de réponse,
« il en serait certainement de même

« aujourd'hui. Pour preuve de ce que
« j'avance, et que ces messieurs par-
« lent de ce qu'ils ne connaissent pas,
« je voudrais citer un article paru
« dans le *Gaulois*, en 1869 ou 1870,
« signé Francisque Sarcey.

« Il avait pris la peine de venir vi-
« siter une de nos maisons de Saint-
« Nicolas ; il en avait été si satisfait,
« qu'il avait prodigué des éloges,
« oserai-je dire les plus mérités,
« car la prospérité de ces maisons
« n'est due qu'au dévouement des
« frères qui en ont la direction, et
« dont les succès sont constatés dans
« tous les concours : que messieurs
« du Conseil municipal trouvent des
« maîtres laïques, lesquels pour 25
« francs par mois consacrent toute
« leur intelligence, toute leur vie à

« élever des enfants ; qu'ils trouvent
« une maison où, pour un franc par
« jour, les élèves soient logés, nour-
« ris, habillés, instruits, puissent ap-
« prendre un état qui leur assure une
« existence indépendante.

« Quant aux maîtres, ils n'auront
« pas d'autre récompense que l'af-
« fection de leurs élèves, la satisfac-
« tion du devoir accompli. On peut
« en dire autant de *toutes les œu-*
« *vres* inspirées par les mêmes sen-
« timents. Mais, je le répète encore,
« la véritable bienfaisance est dis-
« crète, ne veut point faire parler
« d'elle. Il a fallu que ce cri de haine
« se fît entendre pour qu'on ait cru
« devoir répondre quelques mots. La
« souscription ouverte dans votre
« journal est une digne protestation ;

« il faut, si toutefois la vérité peut
« parvenir jusqu'à eux, que ceux qui
« souffrent sachent où sont leurs
« véritables amis, où sont leurs plus
« cruels ennemis.

« Comte de Mortemart.

« Membre du Conseil d'administration de Saint-Nicolas.

Il importe de faire remarquer que
M. Ferdinand Duval, préfet de la
Seine, avec un zèle, une ardeur et
une éloquence qui lui font le plus
grand honneur et qui lui vaudront
la reconnaissance de tous ceux qui
souffrent, s'éleva contre les conclu-
sions de ce rapport, et prit plusieurs
fois la parole pour en démontrer l'i-
niquité. M. le préfet a défendu les

uns après les autres les quarante-
neuf établissements charitables qu'on
frappait d'une façon si inattendue,
signalant à ses contradicteurs la rigueur extrême d'une mesure qui
diminuait dans une proportion considérable les ressources déjà insuf-
fisantes de l'assistance publique.
Ses paroles furent méconnues et se
brisèrent contre un parti pris. C'est
là une défaite qui l'honore autant
qu'une victoire et qui augmentera encore l'estime légitime dont il jouit
à Paris. Il fut soutenu dans cette défense de la charité et des droits des
faibles, par MM. Beudant, Maublanc
et JobbéDuval, des républicains très-
sincères, qui furent de cet avis, que
les congréganistes ne sont point les
adversaires de l'ordre de choses éta-

bli. Cette défense leur fait le plus grand honneur, et dans les quartiers pauvres de la ville, les déshérités savent à présent de quel côté, dans le Conseil municipal de Paris, sont leurs vrais défenseurs.

Les puritains du Conseil en seront d'ailleurs pour leurs frais, et la population de Paris leur prouvera qu'elle peut se passer d'eux.

Des souscriptions s'organisent pour protester contre leur inqualifiable décision, et leur apprendre que dans questions de charité du moins, ils ne sont point les interprètes sincères de l'opinion publique qui repousse au contraire toute solidarité avec eux. Si au nombre, hélas ! trop considérable des pauvres et des indigents, on ajoute celui des personnes charitables et

laïques qui ont fondé ces établissements confiés à des congréganistes,
et qu'elles entendent formellement
laisser entre leurs mains, les austères
membres du Conseil qui ont réduit le
budget de l'assistance publique, verront qu'ils sont en minorité parmi
nous, situation grave et pénible sous
le régime du suffrage universel.

Ils se disent républicains et défenseurs des faibles, et ils méconnais-
sent le Christ, leur maître à tous, celui qui a affranchi les esclaves, dit aux
hommes qu'ils étaient égaux et qu'ils
devaient s'aimer. Au nom de ce Christ
dont vous devriez célébrer la fête,
cessez de prendre une qualification
mensongère. Conservez vos bienfaits
funestes, et demeurez persuadés que
tous ceux qui vous observent et vous

jugent, pensent qu'il n'y aurait pas assez de despotisme en Orient pour nous préserver de la détestable anarchie que vous entrevoyez dans vos songes de malades.

LE PROGRÈS DÉCISIF

Dans la publication de la Musique

Oui, il y avait de grands progrès à accomplir dans la publication de la musique, et l'heure est proche où ces progrès seront réalisés. Comment n'est-ce pas fait depuis vingt-cinq ou trente ans? Probablement parce que les choses simples et utiles sont les dernières auxquelles on s'avise de songer.

Cependant il faut le constater, longtemps avant l'invention des chassepots et des mitrailleuses, quelques bons esprits avaient pensé que mettre les publications musicales à la portée de tout le monde serait une entreprise digne d'être encouragée. La musique orphéonique prenait de rapides développements ; dans les grandes villes se fondaient de nombreuses sociétés philharmoniques; la foule se pressait dans les salles de concerts et dans les théâtres d'opéra. L'étude du piano fut bientôt considérée comme le complément indispensable de toute bonne éducation. L'élément musical, essentiellement civilisateur, source de pures jouissances, eut sa place plus large dans la famille. On entrevit le but à atteindre, on ne trouva pas les moyens.

Vous souvenez-vous de ces publications autographiques à bon marché qui donnèrent de si pauvres résultats, parce que le procédé était défectueux et que le griffonnage sur les petits cahiers de mauvais papier ne pouvait remplacer la musique gravée? Voyez-vous encore ces publications populaires sans accompagnement qui n'eurent d'autre avantage que d'enrichir quelques éditeurs ?

En Allemagne, il est vrai, les progrès furent plus sensibles. On fit des éditions à bon marché, ou plutôt on fit des éditions de poche qu'il fallait lire à la loupe. Puis on ne songea plus qu'au fusil à aiguille et au canon Krupp.

En France tout était à faire. Le Directeur du *Moniteur universel*, du *Petit Moniteur*, de la *Petite Presse*, du *Monde illustré*, de la *Presse illustrée*, de la *Mosaïque* et de tant d'autres publications justement estimées, M. Paul Dalloz, qui avait donné une si vive impulsion au journal populaire et réalisé de si grands progrès, soit dans la typographie, soit dans l'art de la gravure, s'imposa la tâche de résoudre le problème que la France, l'Allemagne, l'Angleterre, l'Italie, avaient à peine abordé. Il voulut trancher définitivement la question et rédigea le programme du *Journal de musique* dont le premier numéro paraîtra le 3 juin prochain.

Le *Journal de Musique* réalisera immédiatement l'idéal si longtemps rêvé ! Il donnera aux artistes, aux sociétés musicales, à la famille, à la maison d'éducation, des satisfactions dont, jusqu'à ce jour, on avait vainement formulé le désir.

Le but de cette publication est de tenir exactement, chaque semaine, les amateurs de musique et les artistes au courant de tout ce qui se passe, de tout ce qui se produit dans le domaine de l'art qu'ils cultivent. Le *Journal de Musique* a fait appel, pour sa rédaction, à un grand nombre d'écrivains spéciaux. Il s'est assuré, pour le choix et le classement des œuvres et des articles, la collaboration régulière de M. Armand Gouzien, qui est à la fois un journaliste expérimenté, un lettré délicat et un musicien de talent, sympathique à tous les artistes.

En fondant le *Journal de Musique*, le directeur, M. Paul Dalloz, a mis entre les mains de M. Gouzien toutes les ressources littéraires, artistiques et matérielles dont il dispose. Le succès est donc assuré. La nouvelle publication sera le répertoire le plus complet des nouvelles musicales ; elle aura, en France et à l'étranger, de nombreux correspondants choisis parmi les artistes et les écrivains les plus estimés ; elle mettra en lumière les opinions de la critique sur les œuvres récentes ; elle étudiera les maîtres, leur génie, leur caractère, leurs procédés, les écoles auxquelles ils se rattachent, l'influence que leurs travaux ont exercée sur les développements de l'art.

Le *Journal de Musique* donnera aussi d'intéressantes biographies ; il produira des documents inédits empruntés soit aux mémoires, soit à la correspondance des maîtres et des artistes ; il fera chaque semaine une moisson d'anecdotes amusantes et d'observations ingénieuses.

Voilà pour le journal : « quatre pages de « texte, grand in-4°, beau papier, typographie « parfaite. »

Quant à la partie musicale, deux mots suffiront pour indiquer les immenses avantages qu'elle offre à l'abonné : *cent francs de musique par an, aux prix actuels, pour 1 fr. 50 par mois.*

Chaque numéro contiendra *huit pages de musique,* huit pages *grand in-quarto* magnifiquement gravées : œuvres inédites, ou anciennes, morceaux de piano ou de chant, fragments des opéras nouveaux, musique classique, romances chansons, valses, quadrilles, etc., indication très-nette sur la lecture des morceaux à déchiffrer.

La rédaction fera le choix le plus varié parmi les œuvres des maîtres; elle offrira l'hospitalité la plus large, la plus cordiale aux jeunes compositeurs. Les musiciens n'ont pas et ne peuvent avoir leur *Salon*, comme les peintres et les sculpteurs. La plupart d'entre eux s'épuisent en pénibles efforts, à la recherche de l'éditeur ou de l'impresario qui les fera connaître. Ils auront au moins leur journal, le *Journal de Musique*, qui les mettra promptement en relation avec le juge souverain, avec le public.

Et le public lui-même devra quelque reconnaissance aux fondateurs du *Journal de Musique*. Grâce au choix des œuvres qui lui seront présentées, son goût s'épurera, ses aspirations s'élèveront. L'heure est venue où la réforme doit s'accomplir. Le public qui est maintenant familier avec Mozart, Haydn, Beethoven, Weber, Mendelsohn, Berlioz, dédaignera enfin les œuvres banales et fera justice de ces trivialités qui sont aux choses de l'art musical ce que serait l'image d'Epinal aux toiles d'Ingres ou de Delacroix. Il aura, dans les douze pages de son journal, avec tout ce qui peut l'instruire, le renseigner, l'intéresser, lui donner des joies saines et des plaisirs délicats, l'œuvre littéraire et l'œuvre musicale, aussi attrayantes pour l'artiste que pour l'élève et l'amateur, aussi dignes de l'estime des maîtres que de la sympathie des familles.

PARIS, TYP. A. POUGIN, QUAI VOLTAIRE, 13.

DÉFENSES
DES INTÉRÊTS MATÉRIELS, MORAUX ET RELIGIEUX DES CAMPAGNES
Par M. l'Abbé Métivier
2 vol. in-32. — Prix : 1 fr. 50.

Les bons livres, les petits livres mis à la portée du peuple, manquent pour la propagande, entend-on dire quelquefois. Je répondrai volontiers que c'est plutôt le zèle à répandre ceux qui existent qui fait défaut. Celui que nous recommandons vivement aux catholiques et surtout aux ecclésiastiques de campagne en est une preuve après bien d'autres. Quel bien ne ferait-il pas, s'il était connu ? Que de préjugés, d'idées fausses, de haines, ne dissiperait-il pas, s'il était lu par l'ouvrier, l'ouvrier des villes comme des campagnes ! Par son entrain, ses exemples, ses à-propos, ses reparties vives, il intéressera vite, et en même temps, par sa très-simple et profonde philosophie, il fera aimer le bien, la vertu, la religion. Quelle aimable et utile lecture que celle de la quatrième étude : *Un fléau de l'agriculture ; Le petit prêteur d'argent dans les campagnes...* et l'entretien sur les *Réformateurs démagogues...* et l'étude sur le *Petit colporteur des livres dans les villages...* On aimerait à tout citer. Il n'est pas possible cependant de passer sous silence le *Programme d'une école primaire de village.* Les ministres qui se cèdent si rapidement le portefeuille dit de l'instruction publique y trouveraient à méditer. Le vide dans la tête et dans le cœur des écoliers, tel est le résultat de leurs nombreux programmes, sans compter... les révolutions.

Après avoir parcouru ces deux petits volumes, on n'est pas étonné que Pie IX en ait félicité l'auteur par un bref élogieux et que plus de 50 cardinaux et évêques l'aient recommandé à tous ceux qui veulent contribuer au bien de l'Église et de la France.